INTRODUCTION

—

Le bonhomme hiver s'en est allé — la chevelure blanchie, l'air triste et glacial — se réfugier dans les régions hyperboréennes, les seules où son règne est éternel. Après lui, cet autre souverain de trois mois — toujours jeune mais souvent infidèle à ses promesses — le printemps a cédé le trône à l'été.

C'est le moment des voyages.

Il fait trop chaud pour rester en place, il semble à bien des gens que le déplacement diminuera la somme de calorique qu'ils portent avec eux.

Cela dépend de la manière de voyager.

Prenez la poste, montez en voiture, la chaleur

Monte en croupe et galoppe avec vous.

C'est un spectacle à la fois plaisant et lamentable que le débarquement d'une diligence. D'où arrivent ces gens-là, bon Dieu! d'où sortent ces teints blafards, ces yeux bouffis, ces cravates en désordre, ces têtes mal peignées, ces chaussures maculées, cette friperie d'habits, ces bonnets de travers, ces chapeaux éborgnés et ces mines livides? Avons-nous affaire à des vagabonds pris en flagrant délit, ou à des bandits qui viennent de commettre un mauvais coup? Pas le moins du monde : ce sont de très-honnêtes gens qui courent la grand'route pour leurs plaisirs. Voilà l'état où vous mettent les voyages d'agrément! Les uns dorment debout, les autres meurent de soif et de faim; ceux-ci se plaignent d'une affreuse migraine, ceux-là d'un torticolis ou d'un tour de reins. Dieu sait tout ce qu'on gagne à passer seulement vingt-quatre heures en diligence! — Le forçat dont on brise la chaîne, un chef d'opposition qui triomphe, deux époux mal assortis qui obtiennent un arrêt de divorce, sont moins légers, moins allègres, moins heureux qu'un pauvre diable enfermé dans la diligence quand s'ouvre la portière, et qu'il entend ces mots trois fois bénis : « Allons, messieurs, descendez, nous sommes arrivés; au bureau, messieurs, descendez. »

L'auteur de cette boutade, vraie charge à la

vous cueillez la fleur qui vous fait envie, vous herborisez un peu, vous observez beaucoup et vous vous souvenez toujours; car les endroits où l'on a cueilli une plante, respiré une fleur, coupé une branche de feuillage, pris un peu de repos ou fait un léger repas, ces endroits-là restent gravés dans notre mémoire. »

Ce tableau est plus gentil, plus attrayant que celui d'une diligence : il n'est pas de moi, on y reconnaît la touche d'un flâneur, il est de Paul de Kock. Néanmoins, je suis de son avis.

En route donc, et à pied.

CHAPITRE PREMIER.

La vogue [1].

La vogue a parfois d'étranges caprices. Dans ses besoins de locomotion le touriste désœuvré ou celui qui recherche les impressions du pittoresque et de l'imprévu, ne raisonne pas toujours ses préférences. Que la vogue choisisse les rives enchantées d'un lac aux eaux d'azur où les montagnes à l'aspect sévère et les collines verdoyantes reflètent leurs traits dans une nappe transparente, elle a raison. Qu'elle s'épanouisse à Vevey; qu'elle règne à Montreux, balancée par les douces haleines d'un climat toujours égal et tempéré; qu'elle se plaise dans la contemplation d'une nature imposante et gracieuse à la fois; qu'elle vienne enfin rêver dans une oasis où rien ne manque aux agréments de la vie, la vogue est dans son droit. Qu'elle parcoure encore l'Oberland, explorant ses glaciers et ses nombreuses cascades, cela se comprend; mais qu'elle dresse ses tentes à Interlaken au milieu des marais, non pas comme l'Arabe forcé de s'abriter pour une nuit, mais comme le voyageur qui, parvenu au terme de sa course, choisit son refuge et y séjourne des mois entiers, entre deux marais, au milieu des brusques variations d'un

[1] Ce premier chapitre et une partie du deuxième sont empruntés à une relation de mon père insérée dans le *Chroniqueur de Fribourg,* 22 et 23 juillet 1860.

climat torride un jour, âpre et froid le lendemain; cela
se comprend moins facilement. Il faut l'empire de la
mode pour expliquer un fait qui sans cela n'aurait pas
sa raison d'être.

La mode! mot magique devant lequel tout doit se
courber. La mode est donc pour l'Oberland et pour
tant d'autres sites incessamment parcourus. Elle n'a
pas encore pris sous sa protection nos Alpes fribour-
geoises, et pourtant ces soeurs jumelles et d'autres
soeurs mieux favorisées ne manquent pas d'attraits;
mais plus modestes, elles n'ont pas encore appelé sur
elles les regards de la foule. Cela viendra peut-être.
Les wagons vont verser chez nous leurs flots voyageurs.
Grande artère de la circulation générale, la voie ferrée
communiquera sa vie aux vaisseaux secondaires qui
viendront s'y alimenter. Déjà nos chemins vicinaux
s'améliorent, et le temps, il faut l'espérer, n'est pas
loin où toutes les localités, mieux reliées entre elles,
rendront plus facile l'accès de nos vallées et de nos
montagnes.

Ces réflexions se présentaient à ma pensée en pro-
jetant un petit itinéraire à suivre. Dans cette saison
de l'année, lorsque le soleil se plonge étincelant et pur
dans les montages de l'occident; que la brise du soir
et le baromètre consultés annoncent un beau lendemain, n'est-ce-pas qu'on éprouve souvent le désir d'une
pérégrination? On aime à visiter les lieux qu'on a déjà
parcourus, à ajouter une exploration de plus à celle
d'une course précédente. On se rappelle que telle vallée, tel monticule auprès desquels on a passé sans

s'y engager, promettaient des horisons nouveaux. Il
faut y pénétrer cette fois et achever aujourd'hui ce que
la lassitude d'alors a empêché.

Les touristes se partagent en deux classes bien distinctes. La première, la plus nombreuse, a ses étapes
fixes; son itinéraire est celui des lieux que la vogue a
adoptés; Bedæker lui a tracé d'avance ce qu'elle doit
admirer; elle ne juge pas, elle applaudit ou réprouve
sur la foi de son guide imprimé. L'essentiel pour le
touriste de cette première espèce est d'avoir accompli
consciencieusement sa tâche, d'avoir retenu tant bien
que mal les noms des contrées parcourues, et surtout
d'avoir emporté chez lui à son retour des colifichets
chèrement payés dans ses pérégrinations. Les bâtons
d'érable, les cornes de chamois, les sculptures de l'Oberland forment à peu près le total de ses impressions de
voyage.

Le touriste de la seconde catégorie suit un peu moins
les sentiers battus. Pour lui, le voyage est une diver-
sion interrompant le tracas des affaires; c'est un délassement, mais un délassement qui deviendra une étude
de mœurs et un point de comparaison entre son pays
et celui qu'il vient visiter. Quoiqu'il ait beaucoup vu,
il peut encore beaucoup admirer, parce que l'admira-
tion ne cesse pas devant les grandeurs de la création
et surtout devant les grandeurs du Créateur.

Au milieu de ces pensées vagabondes qui m'occupaient, un des soirs de la semaine dernière, par un
beau soleil couchant, mon parti fut bientôt pris.

Le lendemain, l'aube du jour me trouvait en route.

CHAPITRE II.

De Fribourg au Lac-Noir.

Fribourg a trois tours dans ses armoiries. Les tours disparaissent, les ponts de construction nouvelle abondent : Fribourg sera la ville des Trois-Ponts. En attendant, en traversant les deux ponts suspendus, on passe encore devant deux tours, puis devant l'hôtel des *Trois Tours*, à Bourguillon, avant de prendre la route des Alpes du Sud-est, que j'appellerai les Alpes allemandes, eu égard au district dont elles font partie pour la plupart et au canton de Berne dont elles sont limitrophes.

Cette première chaîne, à gauche, au dernier plan, derrière les avant-monts du *Seelibühl*, descend du Stockhorn, sa plus haute sommité ; après elle, cette pointe la plus élevée, visible à l'horison, est la *Mehrenfluh* (¹) (2123); les divers *Ganterist* font partie de cette chaîne. Plus à droite, ces montagnes dénudées, qui sont comme le prolongement de la même chaine et dont le buste

(¹) Toutes les hauteurs indiquées entre parenthèses dans cet ouvrage le sont en mètres et d'après la carte de Stryenski, publiée en 1855.

seul se dessine derrière le *Schweinsberg* et le *Burger-wald*, — ces montagnes sont celles du lac Noir; les deux cimes du *Kaisereck* (2191 et 2090) en sont les points culminants; viennent ensuite, toujours à droite, la *Spitzfluh* (1958) et les monts *Bremenga* (1678).

Par le Schweinsberg.

Mettant le cap sur le lac Noir, la ligne droite indique au voyageur le chemin du Schweinsberg (1633). S'il choisit cette voie, il prendra la route de Chevrilles et de Plasselb, après avoir dépassé Bourguillon. J'ai fait aussi ce chemin.

Je ne dirai pas qu'un char m'emportait rapidement à Plasselb. Quiconque connaît les accidents de terrain et les chemins qui amènent à ce village, sait que la vélocité n'est pas praticable. Après tout, pourquoi tant se presser, quand ce n'est pas une occupation qui vous réclame, et que c'est au contraire un plaisir que vous voulez savourer goutte à goutte? L'observation naît sous les yeux qui peuvent s'arrêter. Ici les chemins sont mauvais; il y a du mieux pourtant; mais ce mieux appelle encore bien des progrès. On a dépassé Chevrilles. Pourquoi ces grains à tiges pâles? ces champs de pommes de terre sans vigueur? ces herbes de prés si grêles? C'est que la terre n'est pas bonne, dira-t-on. Cette pauvre terre, ne la rend-on pas responsable du fumier qui lui manque? D'où naît ce défaut? Il faudrait plus d'un mot pour l'expliquer, et j'ai hâte d'arriver à Plasselb avant que la chaleur ne rende le passage de la montagne trop fatigant.

A Plasselb le char doit être renvoyé; car à moins de prendre la route de Planfayon, les jambes sont le seul véhicule dont le voyageur fera usage pour se rendre au lac Noir. De Plasselb au lac Noir, la course s'accomplit en trois heures avec char, en passant par Planfayon. La distance à pied au travers de la montagne est de quatre lieues pour les jarrets de la contrée. Comptez au moins une lieue de plus pour l'habitant de la plaine. Cette différence ne doit pas surprendre. Les pauses sont fréquentes durant le trajet. Disposé comme on l'est à l'agilité et au plaisir de l'ascension, la marche a été trop vive au début. Il faut s'arrêter et ralentir un mouvement qui ne se soutiendrait pas. Cependant on a atteint déjà une certaine élévation; les regards s'abaissent vers la plaine et découvrent bientôt une foule de villages et surtout de clochers gracieux élevant leurs cimes argentées au-dessus des habitations. Qui dira le charme de la contemplation du clocher, de cet ami qui nous appelle à la prière, qui a des sons joyeux pour nous introduire dans la vie et des notes graves et solennelles pour célébrer notre trépas? Et cé bâtiment qui apparaît sur le flanc de la colline opposée? C'est la Gauglera, monument consacré aux misères de l'indigence. Le vénérable curé de Plasselb a érigé une maison de travail et d'éducation pour les pauvres. Salut à cet asile de la charité chrétienne !

L'ascension continue par une pente qui n'a rien de raide. Aucun escarpement trop prononcé, pas de rochers à escalader. Toujours des pâturages ou quelques bouquets de bois parsemés de chalets. Malheureusement les vaches ne les habitent pas. Il leur faut de plus gras pâturages. Elles les trouvent au midi ou dans les Alpes supérieures. Les versants du nord sont en général occupés par la jeunesse. Celle-ci moins affriandée s'accomode d'un régime qui n'irait plus à la gourmandise des mères. N'oublions pas la chèvre qui s'ébat aussi dans ces parages. La chèvre, c'est la vache du pauvre, elle vit de peu et fournit beaucoup de lait.

Comme on est longtemps engagé dans les sinuosités de la montagne toujours dominée par des monts plus élevés, la vue n'offre pas des perspectives d'un grand intérêt; mais le sentier est attrayant; c'est un parterre émaillé de fleurs : c'est la rose des Alpes étalant de longues bordures à perte de vue, couronnant les hauteurs et les bas fonds et fascinant le spectateur par le charme de sa couleur et de ses parfums délicieux. Le parfum de la rose des Alpes est d'une suavité et d'une finesse pénétrante qui échappent à l'analyse. On la cueille à pleines mains; elle orne en un instant tous les chapeaux; gracieuse, elle s'étale sur toutes les boutonnières; mais elle vit.... *ce que vivent les roses, l'espace d'un matin.* Un matin! hélas, la matinée n'est pas finie, qu'effeuillée et flétrie, elle a perdu tout son prestige. La médaille a son revers. La lassitude commence à gagner. Alors commencent aussi les interrogatoires sur la distance qui reste à parcourir, sur la direction la plus courte à suivre. Dans l'Oberland un guide et des porteurs se trouveraient à point nommé pour vous tirer d'embarras. Votre lassitude se dissiperait en même temps que votre bourse dont le tarif viendrait dénouer les cordons. Ici, rien de pareil: le repos se prend dans un chalet; les forces s'y retrempent en savourant une jatte de crême. Le guide, s'il le faut, sera l'un des vachers, pourvu que vous attendiez que sa besogne du moment soit accomplie. Il n'y a point de tarif pour l'escorte fribourgeoise; c'est un service que le guide rend de bon coeur et sans songer à ce qu'il pourrait rapporter.

Après avoir escaladé plusieurs rampes successives d'un accès toujours aisé, on se trouve au sommet de la montagne au pied de laquelle existent les bains du lac Noir. Une forte demi-heure vous suffira pour les atteindre.

En descendant, arrêtez-vous à mi-pente, à la *Hausena*, un vrai bijou de chaumière alpestre. D'ici le bassin du lac, avec les monts qui l'encadrent, apparaît dans toute sa beauté, et la route des bains à Planfayon se déroule comme un ruban jusqu'au delà de la Gypserie.

= Distances : de Fribourg à Plasselb, 2 ½ heures; passage du Schweinsberg, 4 h. Total : 6 ½ h.

Par Dirlaret et Planfayon.

C'est la route pour les chars. On peut aussi, sans passer à Dirlaret, arriver à Planfayon par Chevrilles : la distance est à peu près la même par l'un et l'autre chemins. Succession de hauts et de bas. Une correction de la voie est décrétée sur une partie du trajet;

2

en 1863, ce sera un fait accompli de Planfayon jusqu'à
l'ancien péage ; or, le chemin étant fort bon de là
jusqu'aux Bains, on peut dire qu'il ne restera plus à
corriger que l'autre partie du parcours, de Fribourg
à Planfayon. Les besoins de la contrée réclament
impérieusement une amélioration de cette route.

En effet, si sous le point de vue agricole, une partie
de ce parcours laisse beaucoup à désirer dans son
système cultural, le défaut de communications faciles
contribue à entretenir ce fâcheux état des choses, la
contrée de Dirlaret étant mal reliée au chef-lieu, depuis
Fribourg. Jusqu'ici la route qui aboutit à Planfayon
n'a guère été envisagée que comme une route commu-
nale, tout au plus comme une route cantonale de dernière classe. Et cependant qu'on examine la position
de plus près, et on se convaincra que cette voie de
communication qui va aboutir au lac Noir a une circulation des plus actives, puisque cette partie alpestre
sert de passage continuel aux bois de construction,
aux charbons, aux fromages, au bétail, et à une grande quantité de matériaux pour bâtisse, pierres, chaux,
gypse, etc. Aujourd'hui d'ailleurs qu'une voie ferrée
sillonne le canton dans toute sa longueur, il est indis-
pensable que toutes les parties du pays trouvent un
moyen facile de venir rejoindre cette artère vivifiante
et puissent lui apporter leurs produits. Or si on ne
rétablit que la route de Planfayon au lac, cela est
insuffisant; c'est abandonner l'ouvrage à mi-chemin.
Nous attendons mieux de la sollicitude de l'Adminis-
tration.

Au point de vue pittoresque, cette route n'est pas sans charmes. Chaque côte que l'on gravit fait découvrir de nouveaux horisons et rapproche toujours plus des montagnes. Des terres bien cultivées, les beaux domaines de Römerswyl, de Morvins, etc., s'étendent à droite et à gauche du chemin ombragé par des haies touffues et des arbres fruitiers. Les bouquets de bois alternent avec les prairies. On s'arrête volontiers à Dirlaret pour se rafraîchir, autant qu'on peut se rafraîchir à un *Cœur brûlant*. Le grand village de Planfayon, qu'un pont divise en deux parties bien distinctes, ne mérite pas non plus un regard de dédain : il y a là d'excellents chanteurs et l'industrie n'y est pas morte. Une fois arrivé au bord de la Singine, on entendra la rivière mugir pendant près de deux heures, jusqu'au lac Noir, le long d'une route alpestre et des plus pittoresques.

= De Fribourg à Dirlaret, 2 lieues ; Dirlaret à Planfayon, 1 l. — Aux bains, 2 lieues.

CHAPITRE III.

LE LAC NOIR

ou

LAC D'OMÈNE.

Avant cette année-ci j'avais été souvent au lac Noir (¹), je n'y avais jamais séjourné, j'y arrivais vers midi ou le soir, j'y passais une nuit et je poussais plus loin mes excursions, à Bellegarde, à Charmey, à la Berra, au Schweinsberg, aux Ganterist (²), ou bien je reprenais prosaïquement la route de Planfayon pour revenir à Fribourg.

Comme tant d'autres, je pensais qu'on ne va au lac Noir que pour y prendre un bain ou pour faire l'ascension du *Kaiseregg*, puis tout était dit. A l'ordinaire, on ne séjourne pas ici quand on ne fait pas une cure d'eau sulfureuse.

J'ai agi autrement cet été. J'avais besoin de quelques jours de repos; le repos, c'est pour moi le repos.

(1) Indifféremment lac d'*Omène* ou lac *Noir;* on trouvera dans un autre chapitre l'origine problématique du premier nom.

(2) Une succession de montagnes faisant partie de la chaîne du Stockborn, s'appelle *Kleiner neu —, Grosser neu —, Känel —, Steiniger Ganterist.*

de l'esprit, ce n'est pas celui du corps. La locomotion,
les courses pédestres, à travers monts et vaux, voilà
ce qu'il me faut : d'autres n'appelleraient pas cela le
repos. Des tempéraments il ne faut pas plus disputer
que des goûts.

J'ai choisi l'établissement du lac Noir, le plus tranquille, le plus retiré, le plus solitaire dans notre coin
de terre fribourgeois ; pendant huit jours ma tente y a
été dressée. Ma couchette était abandonnée de grand
matin, elle me revoyait avant la nuit close. Les trois
repas me ramenaient régulièrement au logis, à une
table où j'ai vu jadis jusqu'à quarante convives réunis
et à laquelle il restait cette année bien des places
vacantes à côté de celles qu'occupaient un bon vieux
Père capucin et votre très-humble serviteur. — La
vogue change ; ici d'ailleurs cela s'expliquera aisément.
— Dans l'intervalle des repas, je trouvais le temps
d'arpenter les montagnes pendant trois, quatre et six
heures, je viens de fixer par là le minimum et le ma-
ximum de mes tournées alpestres. Je n'ai pas la pré-
tention de les donner comme les meilleures ; mais
personne jusqu'à présent n'ayant voulu servir de guide
aux nouveaux venus et aux excursionistes à venir ,
j'indique mon itinéraire tel que je l'ai suivi, un peu au
hasard et à l'aventure.

Mais prenons d'abord possession de la place, recon-
naissons les lieux et orientons-nous.

Ma tente — vous l'avez deviné — n'est pas un mot
à prendre au sens propre. C'est un établissement de
bains comme un autre, un peu plus, un peu moins
considérable et confortable. Bâtiment plus long que
large, façade crépie et badigeonnée, couleur indéfinie,

jaunâtre ou grisâtre, dix cellules à baignoires au rez-
de-chaussée ; deux étages ; une quarantaine de jours,
peu alignés et moins que symétrisés à la façade prin-
cipale ; toit en bardeaux sous lequel les hirondelles
ont leurs nids ; un peu plus de trente chambres à
coucher, une salle à manger, une chambre à boire.
Quelques bancs et bosquets devant la maison ; entre la
terrasse et le jardin potager, l'inévitable jeu de quilles
avec pavillon pour les joueurs, — on dit que l'on danse
quelquefois sous ce pavillon ; on dansait jadis — *in
principio* — sous ce hangard attenant aux écuries
(c'était le bon temps du lac d'*Omène,* — style ancien !).
Une gentille chapelle, dont la cloche, au doux son
argentin, sonne les *angelus* et vers 6 h. du matin
la messe pendant la semaine et à 10 h. le dimanche,
quand mon bon Père D....n ou le P. A......n ou tout
autre prêtre séjourne ici. En somme, une demi-douzaine de constructions se groupent autour de l'établissement ; deux sources d'eau naturelle, fort bonne, et
trois sources thermales y apportent le tribut de leurs
eaux.

En face de la maison, dont un pâturage marécageux
le sépare, le lac d'une lieue de circuit et d'un quart
de lieue de largeur. Trois ou quatre barques de pêcheurs se balancent sur la rive qui est sans bords au
midi, car les montagnes y baignent profondément leurs
pieds ; à l'est et au nord, le lac forme le prolongement
de la vallée. Ses sinuosités, vues des hauteurs sud-
ouest, affectent assez la forme d'une lyre, mieux
encore de la *zither* dont le *sennmann* joue le soir,
quand il est de belle humeur. Le lac a une profondeur insondable en certains endroits ; vers les bords

il est extrêmement vaseux ; la mousse qui y croît revêt
çà et là l'aspect fantastique de monstres marins. Ce
sont les mille bras des sirènes lacustres qui attirent le
baigneur imprudent, brusquement saisi par la fraî-
cheur de l'onde et entraîné au fond de l'abyme humide,
dans les grottes secrètes où ces divinités trompeuses
font ménage commun avec des poissons si énormes
que c'est à faire oublier tous les fameux serpents de
mer inventés par la presse. Admettez que je me sois
lancé tant soit peu dans le domaine de la fiction ; les
pêcheurs prétendent que le lac a des poissons si gros
qu'ils défient mailles et hameçons ; les plus belles
pièces d'ailleurs, ne quittant guères ses profondeurs,
ne sont pas aisées à atteindre ; mais chaque jour on y
pêche le brochet et une espèce de poisson blanc
qu'ici on appelle *wantouse* et dont je recommande
la chair aux gourmets (¹).

Le lac est habituellement tranquille ; la brise le
ride légèrement, les splendeurs du firmament, les
nuages qui passent, les alpes vertes de la rive se réflé-
chissent dans son sein, et tel est le calme paisible de cette
nappe d'eau qu'on la prendrait pour une glace immense aux reflets bleuâtres. Mais que l'orage s'approche, les vagues s'élèvent mugissantes, terribles :

(3) « Un seul des lacs de notre zône, le lac d'Omeinaz, ren-
ferme une espèce de poisson blanc qui ne se retrouve que dans
les fleuves du nord de l'Europe, et n'a pas été signalé ailleurs
en Suisse : c'est le *leuciscus jeses*. On l'y nomme *wantouse* et
sa chair jaunâtre, grasse et délicate, quoique remplie d'arrêtes,
est très-estimée. Ce poisson atteint souvent dans ce lac une
longueur de plus d'un pied et demi et un poids de deux livres ;
il a le dos bleu, les flancs d'un gris argenté ; il nage très-vite,
et se reproduit avec beaucoup de facilité... » F. DE TSCHUDI,
Les Alpes, p. 60.

malheur alors à la barque qui se trouverait sur le lac ! Rassurez-vous, le lac a fait si peu de victimes qu'on en compte jusqu'à *une* dans près d'un demi-siècle.

Le bassin du lac d'Omène est aux pieds du *Schweinsberg* au nord et des derniers gradins du *Kaiseregg*, des *Œschels,* de la *Spitzfluh* et du *Bremenga* au sud-ouest. Des escarpements abruptes représentent ces dernières limites ; celles du nord sont une suite de beaux plateaux alpestres aux moelleux contours ainsi que ceux de la *Hohmättele* à l'est.

Vous voilà suffisamment orientés, vous commencerez demain matin vos excursions. Jouissez ce soir encore de la beauté du site et prêtez l'oreille à ces délicieuses harmonies, qui s'échappent à profusion du sein de la nature.

L'air est embaumé des senteurs enivrantes de mille fleurs alpestres. Les clochettes au son clair tintent au cou du bétail que l'on vient de sortir des chalets ; les ruisseaux suivent en murmurant doucement leur cours précipité par mille cascatelles ; les armaillis allemands modulent à plusieurs voix leurs chants joyeux. Oh ! combien d'harmonies se révèlent dans la nature animée et inanimée ! C'est en ces lieux qu'il faut redire ces beaux vers de Lamartine :

O lac ! rochers muets, grottes, forêt obscure !
Vous que le temps épargne ou qu'il peut rajeunir,
Gardez de cette nuit, gardez, belle nature,
    Au moins le souvenir !

Qu'il soit dans ton repos, qu'il soit dans tes orages,
Beau lac, et dans l'aspect de tes rians coteaux,
Et dans ces noirs sapins, et dans ces rocs sauvages
    Qui pendent sur tes eaux.

Qu'il soit dans le zéphir qui frémit et qui passe,
Dans les bruits de tes bords par tes bords répétés,
Dans l'astre au front d'argent qui blanchit ta surface
De ses molles clartés !

Les cimes les plus élevées au midi, le *Kaiseregg,*
la *Spitzfluh* ont perdu peu à peu cette teinte ar-
dente que leur prêtent les derniers feux du jour, la
nuit est là, les monts et les rochers ont pris un aspect
fantastique.

Le moment est propice pour raconter la légende du
lac d'Omène. C'est aussi l'heure des rêves, je vous
dirai les miens un peu plus tard.

CHAPITRE IV.

La légende du lac d'Omène (¹).

Il y avait autrefois — il y a quelques siècles de cela — un fruitier qui s'appelait Bernard RIGGI. Il possédait de nombreux alpages à la montagne qui a conservé son nom : la *Riggisalpe*.

Aucun lac ne s'étendait encore entre les Stalden, les Rippa et la Gassera : on n'y voyait qu'une riante prairie, le *Grasige boden*, qui appartenait aussi à Bernard. Son troupeau était le plus beau de la contrée; il conduisait chaque printemps à la montagne soixante et dix vaches dont les clochettes formaient un joyeux carillon. RIGGI était riche, il était aussi bien pieux, bien bon et estimé de tous. Il soignait lui-même ses alpages, mais deux *bergmännlein* — nains de la montagne ou gnomes — l'aidaient secrètement dans sa besogne.

Un grand nombre de ces serviteurs familiers erraient en ces temps-là dans la montagne : bons envers qui se montrait bon, méchants envers qui les inquiétait.

(1) Ce récit est une traduction libre d'une poésie, *Der Schwarze See und die Bergmœnnlein,* eine Volkssage, von C. MARRO, Gerichtspræsident. Freiburg, Druck von F. Rädle, 1862.

D'où venaient-ils ? Etaient-ce des Maures chassés d'Espagne, ou bien des Esprits familiers et errants ? — nul ne peut le savoir, leur origine reste cachée dans la nuit des âges.

Ils gardaient inaperçus le bétail du bouvier leur ami; s'il devait s'absenter, il trouvait, le lendemain, le lait du troupeau soigneusement recueilli dans les larges bassins destinés à cet usage. Pour tout salaire, on déposait pour eux, dans un coin à l'écart, du lait, du sérac et les résidus. Ils n'étaient visibles que pour les bons bergers. Si quelqu'un cherchait à leur nuire ou à les tricher, il trouvait le lendemain ses vaches étranglées ou entravées dans leurs liens d'une manière inextricable.

Bernard était l'ami des *bergmännlein:* aussi le servaient-ils fidèlement. Son fils unique l'accompagnait à la montagne: Ubald était son nom, mais il ne ressemblait pas à son père auquel il causait beaucoup de soucis. Bernard tint, un jour, ce langage à son enfant:

" Je deviens vieux et la mort qui frappe à ma porte
" va nous séparer. Tu seras riche en troupeaux et en
" domaines. Mais à quoi servent tous les biens si le
" cœur n'est pas heureux ? Ubald, mon cher fils,
" écoute-moi bien: voici quarante ans que je viens à
" l'alpage, content de mon sort, vivant en paix avec
" tout le monde. Je tiens ces montagnes de mon père,
" il m'a légué aussi pour héritage une paix constante
" avec les *männlein*. Ils protègent mon bétail, et je
" me montre reconnaissant envers eux. Jamais une
" génisse ne m'est tombée dans un précipice, jamais
" une de mes vaches ne s'est étranglée, jamais une de

" mes bêtes n'a été entortillée dans son lien , jamais
" un de mes taureaux n'a été revêche. Du fond du
" cœur, je te souhaite un bonheur pareil. Mais sois
" pieüx et humain, et surtout garde-toi de nuire aux
" bienfaisants *männlein !* „

Bernard mourut, son fils hérita ses biens sans hé-
riter ses excellentes qualités : Ubald-l'orgueilleux était
chasseur , il n'était pas le bon pasteur de ses troupeaux.

Dans ce temps-là, le gros gibier des Alpes ne man-
quait pas dans cette région : le fier bouquetin, l'agile
chamois, le cerf élancé, le chevreuil gracieux y abon-
daient. Ils sortaient sans crainte de leurs forêts, pais-
saient et se mêlaient avec le bétail ; nul ne songeait
à leur nuire, le berger aimait à les voir et il les laissait
jouir de la paix qui est aussi son apanage.

Mais Ubald ne rêve que la chasse , il est sans
cesse à la poursuite du bouquetin et du chamois.
Inquiétés de la sorte , ces pauvres animaux quittent
peu à peu la contrée pour se réfugier, de rochers
en rochers, sur les sommités les plus élevées, là où
des pics inaccessibles, des abymes infranchissables ar-
rêtent le plus audacieux.

> On ne voit plus que déchirures aigües
> Où jamais ne sourit une fleur,
> D'affreux ravins se cachent
> Dans l'antique nuit du chaos.
>
> Les terreurs du sépulcre
> Entourent comme d'un souffle glaçant
> Les blocs hard's du granit
> Qui surplombent sur l'abyme.

Rien n'arrête le téméraire : ses flêches vont atteindre le chamois dans ses retraites les plus secrètes ; pour lui, l'empire de la vie et de la mort n'a plus de bornes.

Sa passion lui fait négliger complétement le soin de son troupeau qu'il abandonne avec dédain à un valet. Il n'a nul souci des esprits bienfaisants que respectait son père, leur refuse toute hospitalité, les menace de ses flêchès : il ne tient aucun compte des recommandations de Bernard.

Mais aussi la bonne fortune l'abandonne. Ses vaches périssent au fond des précipices et des torrents. Il s'irrite, il éclate en malédictions contre le ciel et contre les génies domestiques, les *männlein.*

Le châtiment ne se fait pas attendre, et un horrible orage s'apprête à gronder. Le vent mugit avec violence, de sombres nuages changent le jour en nuit, l'éclair déchire la nue, le tonnerre gronde avec fracas, la foudre éclate, le ciel ouvre ses cataractes et des torrents de pluie s'en échappent, les flancs de la terre s'entrouvrent après des secousses terribles, les montagnes tremblent et s'écroulent, des torrents impétueux se forment de toutes parts : cabanes, chalets, alpages, tout est renversé, englouti, confondu dans un affreux chaos. Là bas, dans la vallée, la riante prairie — le *Grasige boden* — a disparu et a fait place à un lac : le Lac Noir.

Ubald est la première victime de cette catastrophe, de ce cataclysme épouvantable : éperdu, il cherche la fuite à travers les monts et trouve la mort au fond d'un de ces abymes qu'il défiait.

Puis le calme renaît au milieu de cette nature dé-
solée : peu à peu les hommes cherchent à reconquérir
sur elle quelque empire. Mais un dragon, sorti d'un
antre inconnu, répand partout une désolation nouvelle :
hommes et troupeaux deviennent sa proie....

Un saint homme, un ermite, demeurait à quelque
distance du lac, plus bas, dans le voisinage de la
jonction des deux *Singines* , en une solitude écartée :
sa cabane s'appelait la *maison du bon homme* (GUTEN-
MANNSHAUS). *Reimi* — c'était son nom — se rend aux
sollicitations des bergers, il arrive, met en fuite le
dragon de la montagne, l'hydre ou monstre qui déso-
lait la contrée, et il l'oblige à chercher un refuge
éternel dans le lac appelé d'OMÈNE (*dau meinoz*) en
souvenir du bon ermite.

Comme témoignage perpétuel de sa victoire, *Reimi*
laissa la marque de son pied sur un roc qui domine
le lac (1).

---

(1) Cette empreinte, un jeu de la nature, dit Kuenlin, existe
sur un des rochers du midi , où l'on trouve aussi des bélem-
nites, des cornes d'ammon et d'autres pétrifications marines.
    Un jeu de la nature? J'y consens de bon cœur, dirai-je après
Louis Veuillot. Mais la tradition est-elle aussi un jeu de l'esprit,
ou un souvenir symbolique du bien que faisaient partout les
ordres religieux , les hommes de la prière.

CHAPITRE V.

EXTRAITS DU JOURNAL DE MON SÉJOUR AU LAC NOIR.

Samedi soir, 12 juillet 1862.

Au-dessus de Ripetelle (1630.)

Je me dirige vers l'ouest, comme pour aller à Charmey; mais dès que j'ai traversé le ruisseau sur la poutre branlante qui sert de pont, laissant à droite les deux pâturages *Seeweidli* et *Fischerweidli*, je suis le sentier aboutissant à trois gradins étagés, les *Ripaz* avec autant de chalets. Un dernier chalet est celui du *Stierenberg*. Une arête assez escarpée, à la base de la *Spitzfluh*, me tente, elle semble promettre une perspective attrayante, j'y grimpe péniblement, en droite ligne, le long d'une coulisse. Grand troupeau de moutons au sommet atteint en 40 minutes. A part la vue du lac, l'horison est circonscrit dans un dédale de montagnes qui encaissent le cirque à fond plat des

3

Breckaz, au pied de *Bremengu*. Ce dernier nom est celui du culmen des crêtes que, de Fribourg, on voit dépasser les déclivités du *Cousinberg*, au-dessus du *Burgerwald*. La seconde chaîne qui enserre ce haut vallon a pour cime la plus haute la *Spitzfluh*, pointe sourcilleuse qui frappe d'abord les regards, vue des Bains.

En redescendant près de la *Ripaz* inférieure, j'ai cueilli les plus belles fraises. Des mulets sont employés pour transporter les gros fromages. Les érables sont nombreux ici.

" L'érable est un enfant de la montagne qui ne descend jamais dans la plaine, et il constitue encore de petits bois à des niveaux très-élevés. Le montagnard aime à le planter près du chalet et de l'étable à cause de sa beauté, et il le ménage partout sur les pentes exposées aux avalanches, à cause de la résistance qu'il leur oppose. Deux espèces de la même famille, le plane et le petit érable, sont rares et plutôt propres à la plaine. „ (TSCHUDI, *Les Alpes*, p. 47.)

= Course de 4 heures, aller et retour compris; assez pénible; mais les distances s'effacent par le rapprochement des chalets et des plateaux.

Lundi, 14 juillet, après-midi.

A la Hohmättle (1805.)

A l'embouchure du lac, près de la Gypserie, on

prend le chemin du Kaiseregg; très-pierreux: on l'élargit peu à peu. En une heure on arrive aux pâturages du *Hürlisboden*, laissant sur la droite la *Riggisalpe*. Tournant brusquement à gauche, on traverse un petit ravin et on monte des pentes gazonnées. Le sommet fuit devant une succession de hauteurs dont on atteint la crête en une heure. Large plateau, en dos d'âne : l'endroit serait des mieux choisis pour une fête alpestre. J'y rencontre deux jeunes bergers avec leur père, ils ont planté quatre petites croix au bord extrême d'un précipice.

La vue de la plaine s'étend des environs de Fribourg jusqu'à Thörishaus et aux lacs de Morat et de Neuchâtel. A droite, derrière les *Ganterist*, quelques glaciers de l'Oberland bernois. A l'opposite, au-delà des *Gastlose*, pics décharnés qui dominent Ablentschen, un glacier du Valais. A mes pieds, au nord, la route de Planfayon. Au midi, les chalets de la *Salzmatte*, à dix minutes plus bas, et de la *Geissalpe* dans cet entonnoir profond qui est à la base du *Kaisereggschloss.*

" Les seigneurs de Bellegarde, dit Kuenlin (*Dictionnaire historique*, 2me partie, p. 338), dont le donjon fut détruit, en 1407, par les Bernois, dominaient en majeure partie cette contrée alpestre. Cunon du Winkel, qui, avec Guillaume d'Avenches, intriguait dans le pays et y excitait des troubles et des guerres, trouva la mort dans les rochers du Geissalp où on le précipita, ou peut-être le força-t-on à s'y jeter. „

Plus loin, une fissure indique l'entrée du *Schön boden* qui conduit aux *Ganterist*.

Conseiller l'ascension de la *Hohmättle* aux personnes, aux dames surtout, qui reculeraient devant
celle du Kaiseregg; mais elle dédommage incompara-
blement moins de la durée de la course ($^3/_4$ d'heure de
moins seulement).

À mi-côte, superbe écho qui se répercute contre le
Kaiseregg. *Orchis nigra* en masses. Bel armailli, avec
barbe noire, le Guillaume Tell de théâtre. Je réponds
de tous côtés à de joyeux jodlers.

= Course de 4 h. (en comptant toujours les arrêts
obligés) : $^1/_4$ h. des Bains à la Gypserie, 1 h. au Hürlisboden, $^3/_4$ h. pour monter la Hohmättle.

Jeudi, 17 juillet.

Çà et là.

Hier, temps pluvieux, repos forcé. Passage de plusieurs troupeaux se rendant *dans les hauts*, aux
OEschels, à la *Brecka*, aux *Recardes d'amont*, etc.
Vaches et armaillis (par politesse je commence par ces
dames), toutes et tous aiment les hauts monts, et
ceux-ci parce que celles-là s'y trouvent mieux.

Rien n'est plus agréable pour une vache que le
séjour des grands pâturages. Sa nourriture y est plus
aromatique, plus variée, plus délicate, plus saine aussi,
et, l'air plus pur et plus vif aidant, les maladies sont

presque inconnues. Dans les hautes Alpes, la vache
devient plus intelligente ; rapprochée des abîmes, elle
acquiert de la vigilance. Elle sait aussi où elle trouvera le meilleur gazon, elle se souvient de l'heure où
elle doit rentrer au chalet, elle reconnaît mieux la voix
du berger et s'en approche plus familièrement ; elle
sait le moment où elle recevra son sel et le distingue
de celui où elle donnera son lait.

Ce matin, j'ai visité les sources minérales, sulfureu-
ses ; les trois que l'on connaît, sans compter celles qui
restent peut-être à découvrir, sont à mi-côte derrière l'établissement, à vingt minutes, dans un taillis.
Rapprochées l'une de l'autre, elles sont conduites dans
un réservoir commun, à deux pas des Bains.

Dans un pré marécageux, voisin des sources, un peu
plus haut et à gauche, fleurissent les plantes alpines
les plus parfumées.

Marcher à mi-côte pour arriver en face de la cascade
qui descend de *Thossisrain.*

J'ai visité aujourd'hui ces chalets placés çà et là
comme des échelons sur le chemin du Schweinsberg :
le *Klein Hausena,* le *Guglera Vorschiess,* le *Thürle-
berg,* etc.

Louis Veuillot, après avoir fait une partie de cette
tournée, qui ne prend pas plus de 2 ½ heures de
temps, écrivait à minuit :

« J'étais encore couché sur les herbes, à mi-côte
d'une montagne qui ferme tout un côté du plus joli
vallon où vous ayez jamais rêvé de cacher vos jours.
Sous mes yeux s'étendait un lac limpide comme votre
cœur, mais plus calme que lui ; près de moi un filet

d'eau tombait en cascade légère, entre des rochers qu'un bouquet d'arbustes me cachait et me laissait voir ; sur ma tête planaient des pics aigus qui semblaient soutenir la tenture immense du ciel. La nuit m'avait pris à cette place, et j'y étais resté, regardant comme, avec l'ombre naissante, tout prenait des teintes plus douces et des accents plus mystérieux. J'avais vu les hauts sommets s'embellir des derniers rayons de lumière, les étoiles poindre au ciel et dans l'eau, les distances s'étendre à des limites que mon œil n'atteignait plus ; j'écoutais les aboiements des chiens, les chansons des paysans, la douce musique des clochettes errantes ; j'écoutais surtout ce souffle de Dieu qui passe le soir à travers les feuillages, et qui les fait parler si majestueusement. Les heures fuyaient : mais j'y songeais à peine. Et, lorsque enfin je m'éveillai de cette extase où j'entendais vaguement mon âme causer avec la nuit, les étoiles et la brise, savez-vous de quoi je m'étonnai ? Ce ne fut pas de la beauté du lieu, ce fut de m'y trouver sans fatigue et sans ennui : pareille chose en effet ne m'était jamais arrivée.

" Vous me comprenez bien. Nous nous sommes dit cent fois que pour voir le plus beau paysage ce n'était pas assez de deux yeux et d'un cœur. Quant à moi, il m'était arrivé si souvent de bâiller devant l'aurore, la mer, les forêts et les plaines, que j'avais fini par renoncer à ces splendeurs de la nature ; elles me paraissaient incomplètes quand je ne pouvais les admirer auprès d'un ami. Si c'est une infirmité de mon âme, je n'en rougis pas, car je suis sûr qu'il en est ainsi de la vôtre, que j'estime tant. Mais quoi ! lors même que l'on entend le langage de toutes ces merveilles dans le son d'une voix amie, est-on satisfait ? Ne manque-t-il pas quelque chose, et ne sentez-vous pas qu'en dépit de tous les efforts, vous n'êtes point au diapason des inspirés qui ont parlé si noblement des œuvres de Dieu? Quand la Bible appelle les montagnes des *coteaux d'éternité*, vous devinez dans la nature des beautés que vous n'y pouvez voir. C'est que l'amour de Dieu donne seul l'intelligence des choses de sa création, sans laquelle nous ne déchiffrons qu'à peine, çà et là, des mots épars au grand livre de l'Univers. Nous avons beau nous mettre à deux pour remplir un seul cœur, il y a un vide que le monde entier et toutes les affections humaines ne peuvent combler, et nous tombons sans cesse dans cet effrayant abîme de nous-même. Vainement nous cherchons à l'éviter, chaque sensation nous y pousse, et toujours il en sort des soupirs amers, même aux heures les plus pures, même au faîte des joies les plus longtemps désirées. Oui! sous l'aile bénie de la famille, sur les grandes montagnes, au milieu des plaines embaumées, en tout et partout, quelque chose nous manque tant que nous ne connaissons et n'aimons pas Dieu. Ce vide affreux, c'est l'amour de Dieu qui seul le comble, et qui le comble avec surcroît. „

Ascension du Kaiseregg.

J'ai fait ce matin l'ascension du Kaiseregg, en compagnie d'un habitant de P......., qui a des opinions bien arrêtées, mais ce ne sont pas celles de Galilée ; mon brave homme n'admet pas que la terre tourne ; pour lui, ce système est franchement une *bêtise.* Partis à 3 h. 3/4, avant 7 h. nous étions sur la croupe de la montagne. Traversant, au retour, les vastes alpages de la Riggisalpe, nous fîmes une pointe sur les *Œschels,* où, à 9 h., après six heures d'abstinence, nous déjeunâmes avec du laitage et de l'excellente crême. A 1 h. nous étions aux Bains.

Voici l'itinéraire, que j'avais suivi déjà précédemment, sauf pour le retour.

Après avoir dépassé la Gypserie, un sentier montueux et pierreux, délavé par des eaux qui s'obstinent à ne pas rejoindre le torrent par la voie la plus courte, conduit dans une anse d'alpages magnifiques, fermée au midi par le Kaiseregg. C'est la Riggisalpe, avec ses six chalets et son petit lac dans un cratère des mieux définis. Pour abréger le trajet, je gravis, le long d'un couloir très-élevé, la côte gazonnée sur laquelle les pieds des vaches ont creusé des échelons naturels. Cette escalade dure près de trois quarts d'heure : elle n'est pas précisément du goût de mon compagnon, il aurait préféré le sentier qui passe par le Hürlisboden et que nous rejoignons au point où il longe la base des rochers. Leurs flancs décharnés s'élèvent perpendiculairement au dessus de nos têtes. Bientôt les zigzags commencent et on arrive, presque sans s'en douter, sur la croupe du Kaiseregg. Des deux côtés, des crêtes ardues. Celle de droite, toute rocailleuse, que l'on atteint en quelques minutes, est celle du *Kaiseregg* proprement dit (2090). A gauche, se présente une arête prolongée, le culmen (2191), c'est le *Kaisereggschloss*. J'ai gravi les deux sommets plus d'une fois.

La vue dont on jouit du Kaiseregg est magnifique, du côté du midi : elle embrasse toute la chaîne des glaciers depuis le *Titlis* jusqu'au *Mont-Blanc ;* au nord, la vue de la plaine laisse un peu à désirer. On est ici dans un labyrinthe, dans un dédale de montagnes dont l'œil sort difficilement.

Derrière nous, tout-à-fait au midi, ce pic, qui ne semble éloigné que d'un quart de lieue, c'est le *Schafberg* (2212) : " de là, m'a-t-on dit, tous les glaciers se déroulent *comme sur table*. „ Bien peu de personnes font cette dernière ascension, et il ne faut pas être trop vertigineux pour l'entreprendre.

Au nord, le Kaiseregg n'offre que des parois verticales de rochers, des crevasses effrayantes. On se couche tout de son long au bord de l'abîme pour chercher à en sonder la profondeur.

Il faut songer à redescendre. Voici ce que je fis en 1850. J'aime toujours à abréger le chemin. J'interroge donc de l'œil la distance qui me sépare des chalets de la Riggisalpe, je vois une pente raide, mais

presque partout gazonnée. Mon parti est bientôt pris.
Je descends en ligne droite, comme j'avais monté. Mais
en avançant, j'avise de loin, à quelques centaines de
pieds encore au-dessus de la Riggisalpe, des passages
assez scabreux. Il y avait comme une lacune dans
mon horison visuel : j'avais, jusqu'à cinquante pas
devant moi, un terrain sûr ; puis je voyais à un demi-
quart de lieue de là un tertre qui touchait aux chalets ;
mais de quelle nature serait l'espace jusqu'à ce tertre,
c'est ce dont je ne me rendais pas compte : je pouvais
craindre une solution de continuité se traduisant en un
saut périlleux. Je m'arrête, je fais rouler une pierre
pour reconnaître le terrain, l'expérience ne me réussit
pas, elle semble plutôt confirmer des prévisions peu
rassurantes. Que faire si, en continuant à descendre,
je me trouve au haut d'un rocher à pic ? Dans ce cas,
nul moyen de le contourner ; car le précipice est visible, à droite et à gauche. Remonter ? Il valait bien la
peine de descendre si bas pour refaire le même trajet,
et plus péniblement encore. J'avance prudemment, et
j'arrive à l'endroit fatal. O bonheur ! le pas est mauvais, il est vrai, mais il est heureusement franchi.
Quelques minutes après, j'étais assis au coin du feu,
dans un chalet de la Riggisalpe.

═ 1 1/4 h. jusqu'au *Hürlisboden*, 1 3/4 h. jusqu'au
Kaiseregg. — 2 1/4 h. au plus pour la descente. En
tout, 5 h. à 5 1/4 h. aller et retour.

Samedi matin, 19 juillet.

Je quitte aujourd'hui le lac Noir, à pied comme j'y suis arrivé par Charmey; mais je prends la route de Planfayon et Dirlaret.

En partant, il me reste à conseiller les excursions à Bellegarde ou à Charmey, que j'ai faites précédemment.

La course à Bellegarde est de trois heures, par les Œschels. De Bellegarde, on peut se diriger — ou sur Boltigen ou sur Ablentschen et Gessenay et se relier ainsi à la route de l'Oberland, de la Haute-Gruyère et des Ormonds, — ou bien suivre le vallon de la Jogne pour déboucher à Charmey.

Préfère-t-on aller directement à Charmey, depuis le lac Noir (3 1/2 lieues)? Un joli sentier succède à la première demi-lieue qui est une montée assez rude, et il conduit, en une heure et demie de pente douce, à l'entrée du pays de Charmey. On traverse ensuite une contrée solitaire, dans le voisinage d'un ancien monastère de Chartreux, puis de Trappistes : ils recherchaient les sites sauvages pour s'y vouer à la prière et au travail. On salue en passant cette Valsainte et ses murs désolés. La vallée commence à s'élargir. Encore un peu de marche et on arrive à Charmey.

CHAPITRE VI.

UN RÊVE OU L'AVENIR.

Ai-je fait un rêve ?....

La foule afflue aux Bains ; la vogue, jusqu'ici inconstante, paraît s'y être attachée d'une manière durable.

Chaque chambrette a son habitant.

La salle à manger présente un aspect animé à l'heure du dîner. De nombreux convives, gais et dispos, se pressent autour de la grande table, où tant de siéges vacants les attendaient en vain depuis de longues années. Du reste, les nouveaux propriétaires savent respecter les bonnes traditions, et le savoureux gâteau à la crême et aux fraises termine régulièrement chaque jour le repas que le succulent poisson du lac a habilement commencé.

Après le dîner, de nombreux groupes s'éparpillent çà et là, sous les bosquets, les charmilles et les berceaux de verdure, — agréments trop rares jusqu'à présent.

Une demi-douzaine de barques, spacieuses et commodes, amarrées à la rive, tendent leurs bras ou leurs avirons aux promeneurs. Mais la plupart d'entre eux préfèrent suivre un chemin ombreux qui rayonne tout autour du lac : des bancs sont disposés sur ce chemin, là où le site est le plus pittoresque.

La vogue nécessitant des embellissements, une extension de l'établissement, ou les embellissements ayant ramené la vogue — ce qui pourrait être plus juste, — de nouvelles constructions se sont élevées comme par enchantement dans le voisinage des anciennes. A quelques centaines de pas des vieux Bains, un riant édifice, plus confortable, un peu plus élégant, s'adosse à une petite forêt où courent en s'entrecroisant des sentiers sinueux : c'est une *Pension d'été*. Sous les yeux des mamans ou des bonnes, tout un essaim de marmots jouent sur la pelouse verte et unie.

L'humidité du terrain a disparu ; un bon drainage, des tranchées creusées à propos ont fait justice du marécage sur lequel une culture variée a repris ses droits.

Les sources minérales n'ont plus le regret de voir leurs eaux s'échapper en pure perte à travers les joints désunis de leurs conduits trop primitifs; les carrières du voisinage ont été employées à profit, et la chaux hydraulique a été adaptée à souhait pour les tuyaux qui amènent les eaux aux Bains anciens et nouveaux.

On se baigne aussi dans le lac ; sur ses bords, ces pavillons mobiles supportent des planchers flottants pour les baigneurs timides et inhabiles dans l'art de la natation.

Les amateurs de la pêche jouissent ici à loisir de cet exercice qui charme les natures calmes et patientes. La pisciculture s'y est introduite et cette nouvelle et intéressante industrie s'y pratique avec succès.

On a joint à l'établissement une fruiterie dont les produits en beurre, crême et petit-lait s'écoulent aisément. Elle assure un bon revenu aux montagnards, et ceux-ci ont toute facilité de soigner leurs fromages dans un entrepôt commun, à peu de distance des chalets. En hiver, la fruiterie utilise le laitage pour la fabrication des fromages maigres et du beurre, dont la vente augmente les recettes de l'entreprise générale.

Avec ces conditions de succès, les bains du lac Noir prospèrent, et les étrangers comme les Fribourgeois viennent se délasser dans ce beau séjour et fortifier leur santé en prenant les eaux, analogues à celles du Gournigel et de Heustrich; le bon air des montagnes ne contribue pas moins au rétablissement des malades.

. . . .

Ai-je fait là un rêve ou ai-je prédit des transformations désirables et possibles au lac Noir ? — Rien n'empêche que l'avenir ne convertisse le rêve en réalité. Pour ramener la vogue, il faut de l'intelligence et des sacrifices.

APPENDICE

LE LAC NOIR

tel que Kuenlin en parle (¹).

SCHWARZESÉE, (*Lac-domêne, Lac-noir, Lac-du-Moine*). Les bains de ce nom, qui en français doit être *Lac-domêne* selon Bridel (²), ne sont éloignés que

(1) *Dictionnaire du canton du Fribourg*, 2ᵐᵉ partie, p. 557 et suivantes.
Ces dernières pages sont donc en entier extraites de l'ouvrages de Kuenlin. On verra que quelques-unes de ces indications sont vieillies.

(2) Conservateur Suisse, t. IV, p. 231.

4

de six petites lieues de Fribourg, deux de Bellegarde, trois de Charmey et deux de la Valsainte.
Autrefois l'abord en était long et pénible depuis
Planfayon ; car on comptait trois lieues pour pou-
voir franchir cet espace à pied ou à dos de mulet ;
mais depuis qu'en 1826 et 1827 on y a construit
une route, qui a coûté 15,064 fr., et qui, depuis le
pont près du péage ou depuis le confluent des deux
Singines jusqu'à la barrière du bâtiment des bains,
a une étendue de 23,991 toises, soit 1 lieue ¼ et
1,491 pieds, et qui a exigé la construction de 12
ponts, l'on peut y aller commodément en voiture,
de manière que ce trajet a été raccourci et rendu
commode et facile. Depuis les bains l'on jouit de
la vue du lac, qui a une longueur d'une demi-lieue
sur une largeur de vingt minutes. Des prairies,
des gîtes, forêts et buissons l'entourent, parsemés
de chalets et coupés ça-et-là par des ruisseaux et
des cascades. Des troupeaux nombreux broutent
dans ces riches pâturages. Une chaîne de montagnes, depuis le Thossisrain jusqu'au Geissalp et
Ganterisch, diversement coupées, bornent l'horison.
Si l'on veut escalader le Kaiseregg , l'on y jouira
d'une vue aussi étendue que magnifique, surtout
sur les glaciers, et l'amateur de la botanique pourra
y cueillir les plantes suivantes : Apargia Taraxaci,
W. ; Hieracium flexuosum, *W.*; Cacalia albifrons,
W. ; Anemone alpina, *W.* ; Androsacæ lactea, *L.* ;
Soldanella alpina, *Smith* ; Pedicularis foliosa, *L.* ;
Saxifraga oppositifolia, *Wulf.*; Merleria Sedoïdes,
Jacq.; Pedicularis versicolor, *Wahlenb.*; Saxifraga
androsacer, *Hall.* ; Orbus luteus, *L.* ; Myagrum

saxatile, *L.* ; Hedysarum obscurum, *Wahl.* ; Salix reticulata, *L.* ; Viola lutea, *De.* ; Poa alpina, *Scheuchz.* ; Cineraria aurantiaca, *De.* ; Draba aizoïdes, *Wahl.* ; Kobresia scispina, *W.* ; etc.

Le *Kaiseregg*, qui est situé au-dessus du Geissalp, paroisse de Planfayon, a été vendu, par acte du 21 mai 1490, par Jean Kirchen à 5 particuliers de Planfayon pour le prix de de 960 livres de deniers (*Pfund Pfenningen*). Une partie non-vendue le fut le 1ᵉʳ juin 1493, pour 125 liv. de deniers, et, en 1632, cette montagne, qui appartenait jadis à l'hôpital de Fribourg, a été reconnue pour 96 pâquiers, la moitié pour les chevaux et l'autre moitié pour les vaches.

Dans le lac on pêche des truites saumonées, qui commencent à devenir rares, de très-beaux brochets, des carpes, des tanches d'une excellente qualité et une espèce de poissons blancs que dans le pays on appelle ventouse, probablement le vilain (chevenne, *cyprinus jeses*). L'abbaye d'Hauterive, qui a beaucoup de propriétés dans cette contrée, y avait jadis le droit de pêche en commun avec le bailli de Planfayon ; mais depuis 1798 le gouvernement l'amodie seul.

Les seigneurs de Bellegarde, dont le donjon fut détruit, en 1407, par les Bernois, dominaient en majeure partie cette contrée alpestre ([1]).

L'amateur de la chasse trouvera le chamois, le lièvre, la gelinotte, le coq de bruyères, beaucoup

([1]) V. die Schweiz in ihren Ritterburgen und Bergschlössern. Chur, 1833, 3ter Bd.

d'oiseaux de marais, tels que le petit grèbe, la sarcelle, le héron et des poules d'eau.

En 1783, Pierre Schouvey, pêcheur de Planfayon, ayant découvert dans sa gîte appelée Ramserli, à mi-colline et au nord du lac, deux sources d'eau sulfureuse distantes de quarante pas l'une de l'autre, obtint du gouvernement la permission d'y établir des bains, et une avance de 400 écus pendant dix ans avec l'intérêt du 1 %, sous quelques réserves relativement à la vente du vin, qui devait être bornée aux seuls baigneurs.

L'année 1811, le vieux bâtiment construit en bois fut entraîné par une avalanche, et remplacé l'année suivante par un autre, mieux situé, distribué d'une manière commode et surtout plus solide, et qui, outre un grand nombre de chambres, est bien aéré et éclairé ; cependant, il sera sous peu nécessaire de l'agrandir et d'y établir encore plus d'aisances. Les nombreuses personnes qui fréquentent cet établissement louent le bon service et la modicité des prix dans cette contrée éloignée, qui, sous le rapport du climat, de la salubrité de l'air, la facilité et la variété des promenades alpestres, et surtout par la qualité des eaux, dont on fait usage à l'extérieur et à l'intérieur, offre bien des avantages. Elles conviennent particulièrement aux maladies cutanées, dartreuses, psoriques répercutées, aux obstructions du foie, aux affections rhumatismales chroniques, et autres maux de cette catégorie. Ces eaux, qui sont très-abondantes, ont une odeur d'œufs pourris, un goût d'abord un peu désagréable, mais on s'y accoutume aisément ;

elles sont blanchâtres, légèrement piquantes; elles déposent un sédiment grisâtre, filamenteux, semblable à l'argile qui happe à la bouche, et elles noircissent l'or et l'argent. On recommande de ne pas les chauffer au degré de l'ébullition, ni de s'en servir trop froides. D'après la description déjà citée, 140 onces ont donné par l'évaporation et les divers procédés chimiques :

carbonate de magnésie . .	39 grains,
carbonate calcaire et alumine .	21 »
sulfate de soude	24 »
carbonate de soude	45 »
muriate de soude	11 »
	140 grains.

Gaz hydrogène sulfuré, acide carbonique et gaz hydrogène 45 à 50 pouces cubiques.

Dans cette analyse, qui paraît avoir été faite en 1814, il est dit, en outre, que pendant les fortes chaleurs du mois de juillet la température de l'eau était à 6 degrés au-dessus de zéro du thermomètre de Réaumur.

M' David Luthy, de Biglen, canton de Berne, pharmacien, a fait, le 11 août 1819, l'analyse de ces eaux à 8 heures du matin, la température atmosphérique étant, après plusieurs jours de beau temps, à 14 degrés et celle de la source à 9 degrés Réaumur. Ces eaux, très-limpides d'abord, deviennent opaques, lorsqu'elles sont exposées pendant quelque temps à l'air, et forment ensuite un dépôt grisâtre et savonneux. Elles ont une saveur fade, nauséabonde, exhalent une odeur fétide, semblable à celle des œufs pourris, mais qui se perd en peu de temps à l'air, ce qui est encore confirmé par une autre observation. Elles sont douces et savonneuses au toucher et elles ternissent la surface des métaux blancs. Par l'analyse de 24 onces de ces eaux M. Luthy a obtenu :

gaze hydrogène sulfuré	6 pouces cub.	
acide carbonique. . .	2 »	»
carbonate de magnésie.	3 grains	
carbonate de chaux. ..	4 »	
muriate de magnésie .	$1^1/_2$ »	
sulfate de magnésie. .	$2^1/_2$ »	
sulfate de chaux. . .	9 »	
Total . .	20 grains.	

Les bains du Schwarzesée possèdent un droit d'auberge, où il y a chaque année affluence des vachers ou armaillis des environs le 25 juillet. Près de là, au *Marresmoos*, on trouve une gypserie avec une habitation, et à la sortie de la Singine du lac *(beym See)* une autre usine de ce genre, avec une scierie et une tuilerie. Le tout est situé dans la paroisse de Planfayon, quoique à rigueur la seconde gypserie devrait faire partie de celle de Bellegarde. L'exploitation du gypse, qui est d'une très-bonne qualité, y est très-considérable, surtout depuis l'établissement de la nouvelle route, qui sans doute sera prolongée jusque près de Planfayon, afin qu'elle se lie mieux avec celle de Brünisried par Dirlaret à Fribourg, et ne forme pas un contraste fâcheux avec ses autres parties.

HAUTEURS du LAC NOIR comparées.	Mètres	AUTRES ÉLÉVATIONS dans le canton de Fribourg.	Mètres
Le lac	1056	Vanil noir . .	2387
Le bâtiment des bains . . .	1065	Branleire . . .	2355
		Foliéran . . .	2344
Kaiseregg-Schloss	2191	Morteys . . .	2191
Kaiseregg . .	2090	Hohmatt . . .	2158
Schafberg . .	2212	Moléson . . .	2005
Spitzfluh . .	1958	Berra	1724
Hohmättelè . .	1805	Dirlaret . . .	927
Bremenga . .	1678	Planfayon . .	853
Schweinsberg (Signal) . .	1648	Fribourg (anc. emplacement de la porte des Etangs)	633
Schweinsberg (au-dessus des bains	1633	Bertigny (Signal)	714
Ripetelle (au-dessus de)	1630		

TABLE DES MATIÈRES.

—

Introduction 5
CHAPITRE Ier. La vogue 9
CHAPITRE II. De Fribourg au lac Noir . . . 13
    Par le Schweinsberg 14
    Par Dirlaret et Planfayon 17
CHAPITRE III. Le lac Noir ou lac d'Omène . 21
CHAPITRE IV. La légende du lac d'Omène . 27
CHAPITRE V. Extraits du journal de mon sé-
jour au lac Noir. — Au-dessus de Ripetelle . 33
    A la Hohmättle 34
    Çà et là 36
    Ascension du Kaiseregg 40
CHAPITRE VI. Un rêve ou l'avenir 45
APPENDICE. Le lac Noir tel que Kuenlin en
parle 49
Hauteurs du lac Noir comparées et autres éléva-
tions dans le canton de Fribourg 55

CPSIA information can be obtained
at www.ICGtesting.com
Printed in the USA
LVHW041919121222
735071LV00004B/135